시들지 않는 꽃은
박제된 시체다

- 진연화 산문집 -

시들지 않는 꽃은 박제된 시체다

진연화 산문집

작가의 말

언제부터 돈으로만
매겨지는 세상이 됐을까

글을 쓸 시간에
돈을 더 버는 것보다
감정을 표현할 수
있다는 게 즐거웠습니다.

20대는 미래에 대한 불안
현실에 대한 불안
자신에 대한 불안

본인을 모르니까
남들 좋을 대로 하는 거 아닐까요

조금이나마 어떤 사람인지
생각할 수 있게 글을 썼습니다.

메말라 가는 감정
삭막해지는 세상 속에
피어나는 한 줄기 희망이 되길

차례

1장. 조화 같은 감정

첫 페이지	18
탑 위의 소녀	19
숲속의 소년	21
나무	23
항상 같은 곳에서 기다릴게요	24
새싹처럼 여린 당신에게	25
살피꽃밭	27
청춘이라는 핑계여도 좋아요	29
바보상자	30
유리공예	32
칭찬	34
꼭 누군가를 사랑해야 할까	36
불	37
꽃다발 선물	38
잠 못 이루는 밤	39
순수한 사랑	40
여행길	41
내가 사는 빛 하나	42
나를 지켜주는 나	43
한강공원	44

"누구나 똑같은 마음"

내 세상을 넓혀 준 사람	45
밝은 미래	47
꽃으로 가득한 들판	48
비 온 뒤 언제나 맑음	49
공연	50
피아노	51
여우비	53
밤하늘	54
고개를 오르는 초입에 한 마리의 용	55
잔디	57
테디베어	58
작명	59
사랑이라는 저주	60
밤 산책	61
무드등	62
광채	63

2장. 시들지 못한 꽃

상처	66
처음이니까, 모르니까	68
여정	70
우울과 친해져 버린 당신	72
아른거릴 땐 하늘을 봐요	74
한 사람	75
가난해도 좋아요	76
울어도 같이	77
개미	78
바다 같은 사람	80
그림자	81
이어지다	82
나는 누구일까	83
손에 잡히지 않는 것들	84
가장 중요한 오늘	85
정답은 없다	86
죽음보다 더 강한 것	87
별	88
무대	89
누군가의 죽음도 아름다운 것	90

"아직도 남아있는 마음"

눈물	91
도시	92
살아간다는 것은	94
구름	95
약자	97
낡은 것	98
결핍	99
유리 조각	100
나를 모른다	101
신호	102
탄생	103
자유	104
날붙이	105
믿음	106
약육강식	107
렌즈	108
소신	109
환상의 동물	110
커피	111

3장. 사라지고 남은 씨앗

노란 프리지아	114
내일	115
적막 속에 울리는 알림	117
너에게 닿는 이야기	118
아무도 찾아오지 않는 설산	119
청자, 화자	120
홀로 서 있는 것도 괜찮은 것 같아	122
폭우	123
내가 불행한 만큼 넌 행복할까	124
잃으면 안 되는 것	125
욕심	127
밤하늘의 흔적	128
잃는다는 것	129
인생이라는 소설	130
징크스	131
달	132
천사	133
카메라	134
강아지	135
폭풍 같은 불안	136

"외면하는 마음"

흘러가는 모든 것들에게	137
숙제	139
새벽의 꽃(曙花)	140
벽	141
관계	142
가면	143
인형	144
미화	145
소리 없는 죽음을 바란다.	146
그림자	147
삶의 이유	148
흑, 백	149
숲	150
필름	151
안식	152
어린아이	153
시선	154
애정	155
입추	156
동생	157

4장. 씨앗에서 태어나는 생화

봄 물결	160
벙글다	162
하얀 캔버스	164
오늘도 뒤처지는 나에게	166
살아갈 이유서 고마워	168
지층	170
기차	171
새벽에 빛나는 가로등	172
샤베트	173
비어버린 뒷자석	174
카페 창밖	176
특별하지 않아도 돼	178
내가 나다워야지	179
꽃이 지는 게 슬프지만 않아요	180
돌아가고 싶은 세상	181
사계	182
밤하늘이라는 보석	184
보고 싶은 사람	185
만개	187
마.트료시카	189

"다시 태어나는 마음"

마중	190
두 손	192
건네줄 수 있는 것	193
함께	194
하루	196
바람	197
회전목마	198
불안정하기에 멋진 것	199
후회 없는 삶	200
흔적	201
손	202
연쇄	203
방향	204
신호	205
자극	206
욕심	207
학교	208
공룡	210
성공	212

1장. 조화 같은 감정

"누구나 똑같은 마음"

첫 페이지

한 번도 밖으로
꺼내 본 적 없는 소중한 이야기
귀담아듣기 위해 집중할게요

누군가 다가오면 책이 다가온다 생각해요
어떤 내용이라 할지도 주인공이잖아요

세상은 흰 종이
펜을 휘두르는 용기
잉크라는 흔적을 남기는 당신

해피엔딩이라면 웃으며 박수를 쳐주고
새드엔딩이라면 눈물 흘리며 슬퍼할게요

누구나 좋아하는 이야기가 아닌
그대의 이야기여서 좋아할 거예요
억지로 만들어내려 하지 않아도 돼요

탑 위에 소녀

바깥세상은 어떤 느낌일까요
이목을 끄는 예쁜 꽃들이 많을까요
그 밑에 숨겨진 따가운 가시들이 많을까요

머리를 빗고 옷차림이 이상한지
거울을 보며 기다리고 있어요

멀리서도 내가 여기 있다는 걸 알리기 위해
매일 혼자 노래를 연습해요

무엇을 할 수 있을지 고민에 빠지는 밤
언제쯤 인생이 시작될 지 기대가 되네요

지금까진 너무 어려서 닿지 않았지만
이제는 닿을 수 있을 것 같아요

철벽같은 탑에서
손만 뻗어 얻으려 하는 게 아닌

땅에 발을 딛어 빛이 닿는 곳까지
직접 걸어갈게요

숲속의 소년

바깥세상은 어떤 느낌일까요
빠져들 만큼 매혹적인 게 있을까요

그 밑에서 숨통을 조이려 할까요

단칼에 끊어 낼 수 있는 검
나약함이 스며들 수 없는 갑옷

나라는 존재를 알리기 위해
수많은 영웅담을 세워가며
그 어떤 것도 두렵지 않다고 외치는 날

언제쯤 모험이 끝날지 한숨을 쉬며
모닥불 앞에 기도합니다.

지금까진 너무 어려서 닿지 않았지만
이제는 닿을 수 있을 것 같아요.

강하고 거칠게 쌓아 올린 공적의 탑에서
올려다 봐 주길 바라는 게 아닌

그대가 있는 곳까지 직접 내려갈게요

나무

햇빛이 너무 뜨거운 날
살결이 거칠어지고 있네요

넓은 이파리로 그늘이 될게요
양산으로 떼어가도 괜찮아요
다시 자라니까요

목이 말라
더 이상 걸어갈 수 없어도
수액을 나눠 줄게요

길을 잃어버리지 않기 위해
이정표를 새겨도 좋아요

여정이 끝나 돌아올 때까지

항상 같은 곳에서 기다릴게요

수십 번의 계절이 흘러
눈물처럼 낙엽이 떨어지는 날

더 이상 나눠 줄 수 있는 게 없는 것 같아요

남은 나라도 가져가 주길 바라며
오두막이 되어 여생을 함께하고 싶어요

언제든 돌아올 장소가 되어
항상 같은 곳에 있을게요

새싹처럼 여린 당신에게

씨앗이라는 요람 속에서
뻗어 나오는 희망
세상 밖으로 나와줘서 고마워요

기대하던 세상은 어떻게 보이나요

상상했던 꿈같은 세상은 아니지만
세상에 피어나 준 덕분에
아름다워지고 있어요

각박한 세상 속에서
처음부터 시들어가는 것 보단

활짝 피어난 모습 유일한
한 송이가 더 돋보입니다.

마음껏 울고 웃고 화내고 즐기고
어떤 것이라도 거름이 되어
성장하길 바라며

어떤 색의 꽃으로 피어나게 될지 지켜볼게요

살피꽃밭

매일 똑같이 걷는 길 담벼락
그저 환하게 인사해 주는 꽃들

묵묵히 길 한곳을 지키며 서 있는 길
메마른 콘크리트 사이에 피어난
한편의 희망

차갑고 거친 벽에도 기댈 수 있을 것 같아요
밖으로 나서는 거조차 두려운 나에게
응원을 해 주는 꽃들

떠나간 자리는 다시 차가워지겠죠

계속 함께 하고 싶지만
이제는 삭막한 세상 속에 기댈 수 있는
한 사람이 되기 위해 떠날게요

싸늘하게 식은 마음속에도
피어난 살피꽃밭

함께해줘서 고맙고
이제는 함께 할게요

청춘이라는 핑계여도 좋아요

다시는 돌아오지 않을 날에게
생애 가장 아름다운 꽃을 피워내고
선물로 주고 싶어요

허망하게 사라지고 싶지 않은 나

변명 혹은 핑계여도 좋으니
다가갈 수 있는 용기를 주세요

봄인지도 모르고, 꽃잎이 떨어지고 나서
혼자 사라지고 싶지 않아요

'푸르다'라는 건 차가운 게 아닌
당신에게 흐르는 물줄기 같은 내 마음

그리하여 피어나는 봄날의 꽃 한송이
열매를 맺고 싶어요

바보상자

더 보고 싶고
더 같이 있고 싶고
더 알고 싶고

모든 걸 줄 수 있을 것 같아요
바보가 된 걸까요

사랑받고 싶어서 사랑하게 되는 걸까요
사랑하기에 사랑받고 싶은 걸까요

먼 길을 찾아가도 지치지 않고
멋지게 보일 수 있다면 뭐든 하고
그저 웃어준다면 뭐든 하고 싶어요

알 수 없는 감정이에요

무엇이 이렇게 만드는지 알아봐도
그저 '좋아하니까'라는 한마디

어느 날 갑자기 마음속으로
오게 된 상자를 열고 난 뒤부터

바보가 되었습니다.

유리공예

그 순간 기록된 소중한 추억

주워 담으려 해도
산산조각 나 날카롭게 변해버려
끌어안을수록 피투성이가 되네요

쓰라린 상처, 손에 아른거리는
파편으로 흩어져 잔불처럼
희미하게 빛나는 것

상처로 깊게 박힌 것들마저도 추억일까요

아픔이 익숙해져
눈물마저 나오지 않을 때
다시 피어오르는 빛 한 줄기

수십 개의 조각들을 이어 붙여
다시 등장한 건 하나의 색이 아닌
무지개처럼 빛나는 청춘

더 아름답게 빛나길 바라며
어떤 것도 이겨내길

칭찬

'잘했어'를 듣고 싶은데
'잘했으면'을 듣는 당신에게

하루를 마친 것만으로도 잘했어요
못했다고 생각해도 다시 하면 돼요

남들과 비교하지 않아도 돼요
어제의 나보다 더 나았다면 충분합니다.

오직 자신이 기준이에요
모두가 똑같은 고음을 낸다면
소음이 되고 있겠죠

각기 다른 선율이 있기에
아름답게 조화를 이룹니다.

수많은 소리 중
당신만 낼 수 있는 걸 들려줘요

꼭 누군가를 사랑해야 할까

너무 외로운 나머지
주변에 있는 누구라도 사랑하고 싶다.
아니 사랑받고 싶은 걸까

무한히 나눠줄 수 있는 사람이 되면 좋겠다.
한 사람에게 매달리지 않아도
수많은 이들이 나를 사랑했으면

혼자인 것도 나쁘지 않을까
좀 더 나에 대해 알 수 있을 것 같다.

언제부터 갈망하게 된 걸까
남한테 바라기만 하는 게 아닌
나한테 바라봐줘야 하는데

나부터 사랑하자

불

풀숲의 반딧불

작은 불빛으로 이정표가 되고
횃불처럼 당신에게 다가갈 길을 밝히고
모닥불로 안식의 자리가 됐죠

더 보고 싶은 나머지
행적을 따라 불길이 되고
높게 날아가 불꽃축제가 되었네요

다 타버린 잿더미 속에서
잔불이 되어 기다릴게요

가장 아름다웠던 순간 잘 보았나요

꽃다발 선물

꽃을 좋아하지만
당신이 주었기에 더 좋아요

예쁜 꽃을 바라는 게 아닌
예쁜 마음을 보고 싶어요

부끄럽게 화원에 찾아가 고민하고
건네주기 전에 어떤 말을 해야 할지
이런 게 처음이라 어색해 하는 모습

이 모든 것들이
나에게 선물이에요
그게 전부에요

잠 못 이루는 밤

나만 알고 있는 빛나는 밤
오늘도 함께하고 싶은 건지
잠에 들지 않게 하네요

은은한 달빛 아래 조명처럼
나와 그대밖에 없는 무대

안무를 춰볼까요
합주를 해볼까요
그림을 그릴까요

검은 배경
빛 나는 건 우리뿐

둘만의 흔적을 남겨보아요
밤하늘의 발자국마저
별이 될 거예요

순수한 사랑

그저 당신만 보고 싶어요
아무런 걱정 없이 이야기를 나누고
함께 사진을 찍는 우리

서로 행복하면 다 좋아요
어른이 되면 알게 될 거라는데 모르겠네요

그저 어릴 때처럼
이끌리는 게 사랑일까요

비싼 보석이 없어도
멋진 차와 명품이 없어도
그저 당신이기에 좋아요
난 앞으로 계속 모를 것 같아요

사실 그들도 아는 척하고 싶어서
물건에 가치를 새기는 게 아닐까요

여행길

오늘도 홀로 길을 떠나는 나
가는 곳에 뭐가 있을지는 모르겠지만
그저 새로운 장소, 새로운 사람
모든 게 즐거운 나날

끝에는 뭐가 있을까요
포기하는 순간 끝이라 생각하고
항상 새로운 걸 찾아다닌다.

참으로 넓게 느껴지는 세상
이미 지도에 모든 곳이 그려졌지만
그럼에도 계속 새로운 게 등장하네요

사람이니까 새로운 가치를 부여합니다.
살아있다는 것에 의미 있는 거 아닐까요.

내가 사는 빛 하나

다 똑같이 생긴 건물들
밤엔 불이 들어오고
낮에는 하루종일 꺼져있는 한 칸

집이 가장 편안한 장소인데
밖으로 나와 야경을 보는 게
왜 이렇게 좋을까

각자의 삶이 녹아들어 하나씩
빛나기 시작한다.

수많은 빛 중에서
제일 밝아야 할 필요가 있을까
그저 있기만 하면 되는걸

나도 빛나고 있었구나

나를 지켜주는 나

솔직히 나는 너무 약하다.
툭하면 울고 주저앉는다.

나를 지키기 위해
또 다른 내가 있다.

그 사람은 어떤 일에도
상처받지 않고
강하다.

나를 지키기 위해
타인에게 상처 주는 것쯤은
아무렇지 않아졌다.

언제부티였을까
내가 그 사람으로 바뀐 건

한강공원

사람들이 그저 살아가고
모여 사는 것만으로도
이런 문화의 장소가 생긴다.

잘나가는 사람 혼자서
모든 걸 만든 게 아닌
삶의 흔적조차 예술이 된다.

누군가 다들 살아왔기에
내가 가장 좋아하는 장소가 생겼다.
앞으로 모든 사람들에게 이야기할 거다.

살아줘서 고마워요

내 세상을 넓혀 준 사람

우린 어릴 때 갖고 싶은 게 생기면
눈에 별이 생긴 것처럼 바라보게 된다.

누구나 어릴 때 꿈이 있듯이
처음 본 황홀한 광경을 잊지 못한다.
어른이어도 똑같은 것 같다.

지금 살고 있는 세상이 더 넓다는걸
알려준 사람을 잊지 못한다.

아직도 어린애인 걸까
우리는 늘 순수한 걸까

그게 그거일지도 모르겠다.

뭐든 어떤가, 신체만 성장하는 게 아닌
아직 더 성장할 수 있다는 의미가 될 수도

그게 그거일지도 모르겠다.

뭐든 어떤가, 신체만 성장하는 게 아닌
아직 더 성장할 수 있다는 의미가 될 수도

밝은 미래

미래에 대한 걱정으로
잠 못 이루는 사람들이 많죠

아직 아무 일도 안 일어났잖아요
백지 수표와 같죠

내일이 얼마나 값질지는
가치를 만들어 나가야죠

수많은 불안으로 걱정할수록
값어치가 떨어진 내일입니다.

아직 실수하지 않은 새로운 날이네요

꽃으로 가득한 들판

인생이라는 초원
아름다움을 더하고 싶다.

외롭게 걸어오기만 했던
끝이 안 날 것 같은 길

당신 덕분에 똑같은 길이었지만
완전히 다른 풍경이 되어 가고 있네요

아무것도 없는 혼자인 게
안전하다고 생각했는데

이것도 좋네요, 고마워요

비 온 뒤 언제나 맑음

축축하고 어두운 비 오는 날
기분이 좋지는 않네요

이것도 이거대로 괜찮네요
굳이 슬픔을 표현하지 않아도
세상에 대신 투영해주는 날

넘치다 못해 쓸려나가고
모든 게 사라졌으면 좋겠지만
달래주듯이 비가 그친다.

맑은 하늘을 보여주네요

어두웠기에 더 맑아 보이는 구름
슬픔이란 감정이 찾아오면
그다음은 항상 기쁨

공연

어제가 쫓아오지 못하게
내일이 넘어오지 못하게

지금 이 순간
그 무엇도 끼어들 수 없는 날

세상에 둘만 남은 것처럼 마주 보며
무대의 막은 내려갑니다.

오늘 하루 공연
가장 아름다운 날을 만들고
영원히 기억하고 싶어요

피아노

88개의 건반
이 조합으로 수많은 음악이
탄생했다.

하루 24시간
1년 365일
인생 70~80년

우리는 그 어떤 악기보다
더 다채로운 사람이다.

오선을 걸어가며
낮은음을 내는 하루
높은음을 내는 하루

인생 한 부분의 음악이 완성된다.

체르니 100번처럼

당신은 어떤 음악을 담아 왔나요

여우비

맑은 날 갑자기 쏟아지는 비
마치 애써 괜찮은 척하며
울고 있는 내 모습 같네요

아무도 슬픈 걸 모르기를 바라지만
제발 알아주면 좋겠어요

힘든 내색 하는 것보다
괜찮은 척하는 것밖에 모르니까요

어두운 먹구름에서 내리는 비가 아닌
새까만 밤하늘의 불꽃놀이처럼
기쁜 눈물을 흘리고 싶어요

밤하늘

맑은 밤하늘을 보는 게 취미가 됐다.
이유는 모르겠다.

어두운 배경에서도
혼자 빛나려 하는 게
공감되는 걸까

매일 이렇게 빛나고 있으면
누군가 찾아오지 않을까 기대한다.

칠흑처럼 무서운 밤이지만
작은 별빛이라도 선명하게 보인다.

나처럼 외로운 길을 걷는 사람에게도
희망이 되어 찾아올 수 있게
매일 빛나고 있다.

고개를 오르는 초입에 한 마리의 용

옛날 옛적엔 이무기가 있다.
용이 되기 위해선 여의주를 얻어야 한다.

천 년 동안 차가운 물 속에 있다가
아무도 승천하는 걸 봐서는 안 된다.

모든 과정을 다 보여주고 싶지만
사람들은 내가 날아오른 멋진 모습만 본다.

혼자 고개를 넘고, 긴 시간 동안
외롭게 보내오다 드디어 성공한 모습

용이 되어 날아갈 생각을 하니
흘러간 나날들을 버틸 수 있었다.

이제는 별 볼 일 없던 모습조차
하나의 추억으로 남기고
사랑 하는 이들과 함께 할 수 있다.

그때를 기다리며 계속 사랑하겠습니다.
어둠 속에 등불처럼 그저 존재해줘서 고마워요

잔디

드넓고 광활한 따스한 곳
자연의 숨결로 보살핌받으며
세상 한구석을 채워 나간다.

꽃처럼 예쁘지 않아도
주변과 잘 어우러지는 잔디도 좋다.

최대한 가까이서 보고 싶으며
당신이 더욱 빛나길 바랐으니까

지금 활짝 핀 꽃이 아니어도
만개할 때까지 기다리며
멋진 배경이 될게요

테디베어

한 땀 한 땀 바느질하여
안아 주길 바라는 곰 인형
항상 소파에 앉아 웃고 있다.

뛰어놀고 싶고
밥도 먹고 싶지만
허락되지 않은 몸이다.

아이가 곤히 잠들 때
무섭지 않게 항상 안아 주며 잠에 든다.

세상에 태어난 이유를 알 것 같다.

모든 걸 같이 할 순 없지만
할 수 있는 일에 최선을 다하자.

작명

한평생 불리게 되는 "이름"
나라는 걸 알 수 있는 절대적인 것.

얼마나 가치 있는 일인가
의미를 부여할 수 있다는 것에 감사하다.

수없이 고민하고 지어 준 이름
세상이 알기를 바라며 따듯하게 불러준다.

내가 사라지더라도
살아 있어 준다면
너에게 내가 새겨져 있다.

항상 함께할게

사랑이라는 저주

모든 걸 바쳐서 사랑하고 싶어요
아니, 사랑받고 싶은 걸까요

태양 같은 사람
인생을 밝혀준 사람이지만
가까이 다가갈수록 바스러집니다.

끝까지 나아간다면
당신이 있었다는 흔적을
몸에 새길 수 있을까요

사랑이란 건
한 사람밖에 모르는 바보로 만드는
저주와 동시에 축복이네요

밤 산책

모두가 곤히 잠든 밤
혼자 하는 산책이 좋아요

따스한 빛으로 가득한 날과 다르게
새로운 모습들이 보이는 거리

네모반듯한 무드등
하늘의 별빛을 담고 있는 빌딩

태양도 쉬고 있는데
편히 못 잠들 이유가 있을까요
편해질 때까지 걸어요

어두운 근심은 저 멀리 두고
잠자리로 돌아가요

무드등

세상이 우리에게 주는 축복

작은 방 한구석
잠시나마 기적을 불러올 수 있다.

보잘것없는 흙에서
유리가 되어 빛을 담아

어두워진 방에 노크하며
달래주고 싶다.

날은 어두워져도
마음은 어둡지 않길 바라며

광채

어느 밝은 날 잔디밭에 이슬
밤하늘의 별처럼
보석처럼 빛나 반짝인다.

태양이라는 빛나는 눈으로

애정이 드리우지 않는 곳까지
볼 수 있으면 좋겠다.

매일 눈을 감았다 뜨며
모두를 보고 싶다.

2장. 시들지 못한 꽃

"아직도 남아있는 마음"

상처

너무 작고 여려서
해하려는 모든 것들로 지키고 싶어요

까지고 피가 나도
웃는 모습을 볼 수 있다면
얼마든지 할 수 있어요

항상 웃어줘요
불행은 전부 가져갈게요

모든 걸 내줘야 해도
당신이 웃어준다면 그게 전부예요

걱정해서 울지 않아도 돼요
울지 않기를 원해서 뛰어든 거니까요

상처는 이제 익숙해졌어요

상처에 딱지가 앉고
떨어지는 이유는

여린 당신을 지키고
훌륭히 할 일을 마쳤기에
떨어지는 것

처음이니까, 모르니까

나도 모르게 감정에 휩쓸린 적이 있나요
누구나 한 번쯤은 겪었을 거라 생각해요

감정은 정말 솔직한 표현이에요
제대로 표현하는 법을 배운 적이 없죠
절제하는 것만 배웠잖아요

"남자답게", "여자답게"

틀에 자기를 맞추는 거에
익숙해진 게 아닐까요

가장 예민한 감정이 슬픔, 우울
아무리 틀에 욱여넣어도
새어 나올 수밖에 없는 감정들

나쁜 게 아니에요
가면을 쓰고 살아가는 것에
한계가 오고 있어요

죽을 때까지
나를 알아야 하는 게
과업이에요

타인이 알려주지 않고
스스로 찾아야 하죠

같이 해봐요
나도 처음 해보고 잘 몰라요
하다 보면 될 거예요

숨 쉬듯 나오는 게
당신이었으면 좋겠어요

여정

더 이상 일어날 힘조차 없는 당신
나아가는 게 두렵나요

넘어져 다치고
힘든 길을 혼자서 걸어왔네요
고생 많았어요

힘들면 잠시 쉬어가도 좋아요
아무도 뭐라 하지 않아요
그저 편하게 있어 주면 좋겠어요

인생은 너무나도 긴 여행이에요
벌써 당신이 걸어온 세월만 해도
십 년 단위입니다.

눈물 흘리기엔
앞으로 걸어갈 길이 많아요

모든 여정을 끝내고
기쁨의 눈물이 모자라겠어요

슬픔의 눈물과 상처에서 흐르는 피가 아닌
기쁨의 눈물과 피 같은 노력의 땀방울

마법 같은 여정의 결과물을 만들어내길 바라요

우울과 친해져 버린 당신

오래 만나 정든 나머지
이제는 항상 당신 곁에 있는 우울

어른스러워진 것 같지만
걱정이 되네요

나보다 더 도움이 됐을까
비슷한 처지의 사람들과
물들어 가는 모습

밝은 어른이 되길 바랐지만
차갑고 매정한 어른이 된 당신

공명하듯이 모여드는 사람들
이게 당신만의 울림일까요

초승달처럼 아련한
미소를 짓고 있는 모습

그에 끌리는 건
비슷해 보이기에 찾아간 걸까

그것이 당신의 행복이라면 좋아요

아른거릴 땐 하늘을 봐요

가득 차서 흘러내릴 것 같은 눈물

억지로 참아보지만
쏟아질 것 같을 땐 푸른 하늘을 봐요

구름에서 떨어져 비가 내려
당신의 눈에 앉았네요
그대로 씻겨 내줄 거예요

한 사람

떠나간 그대에게 모든 걸 내줬지만
당신을 붙잡을 수 없었네요

남은 건 눈물밖에 없네요

아무리 세상에 많은 게 인연이지만
그 사람은 유일하네요

나는 많고 많은 인연 중의 하나였을까요

세상에서 나도 유일한 하나인데

가난해도 좋아요

빈곤하면 이뤄질 수 없는 사랑
로미오와 줄리엣처럼 비극의 이야기네요

하지만 괜찮아요
다가오길 기다리고 있어요

닿지 못할 거라 생각해서
먼저 포기하지 말아요
항상 이 자리에 있을게요

물질적으론 가난해도
마음으로는 가난하지 말아요

울어도 같이

눈물 흘릴 일이 너무 많네요
그대와 함께한다면 좀 나을까요

같이 울고 웃는 날이
영원했으면 좋겠지만
언젠가 떠나겠죠

내가 얼마나 슬프게 우는지
생전에 봐줬으면 좋겠어요

모든 걸 보여주고 싶어요
당신이 내게 얼마나 큰 사람이었는지

개미

도시의 지하철은 개미굴 같다.

평생 일만 하고 살아야 하는 개미
그렇게 태어난 게 잘못일까

주변을 둘러봐도
검게 일만 하는 사람들

처음부터 그렇게 해왔으니 사는 걸까

밖에 나와보니
훨씬 알록달록한 게 가득하다.

다양하게 색칠하고 돌아갔더니
생긴 게 다르다고 배척받고 말았다.

사실 밖에 나가지 않아서
그저 어둡게 보이는 걸까

밝은 세상 아래가 낯설어
숨어 버린 걸까

바다 같은 사람

넓고, 흐르고, 넘치지 않네
이것 또한 누군가의 슬픔의 무게일까

평온해 보이지만
안에서는 해류가 흐르고
다양한 것들이 움직이고 있다.
하지만 넘치지 않고 고요하다.

바다 같은 사람이 되고 싶다.
그 어떤 슬픔도 감당할 수 있는
대륙마저 품고 있는 바다

그림자

어두운 걸 무서워했지만
사실 나도 가지고 있다.

'발밑에 항상 같이 있던 그림자'
이 아이도 나랑 같이 컸을 텐데
한 번도 생각 안 하고 있었네

자신에게 무엇이 있는지도
잘 모르고 살았다.

지금까지 어두운 게 무서웠던 이유는
한 번도 알아보지 않아서 그런 걸까

알고 싶지 않아서
검게 칠해 보이지 않았던 걸까

이제는 보이기 시작한다.

이어지다

세상엔 너무나도 많은 게 존재한다.
모든 이치를 깨닫기엔
유한한 시간이다.

끝이 없기에 더 간절히 원하게 된다.

모든 걸 다 할 수 없으니까
뜻을 이어 줄 사람을 만드는 거 아닐까

먼지가 되어 육신은 사라지더라도
강렬했던 마음만큼은 남아
후세대에 계속 이어가고 싶다.

뜻을 이어 가 준다면 계속 살아 있다.

나는 누구일까

누군가의 가족, 친구, 동료

수많은 질문을 하여
타인으로부터 나를 찾는다.

굳이 남에게 자신을 호소할 필요 없다.
앞서 해온 모든 게 전부 나다.

한 가지로 정의할 필요 없다.
앞서 생긴 자아들이 모여
지금의 전부다.

어떻게 사람을
한 가지로 정의 할 수 있을까

손에 잡히지 않는 것들

쉽게 가진 것들은 쉽게 버려요
질리니까요, 계속 새로운 걸 바라봅니다.

그렇게 갖고 싶어 했던 물건도
시간이 지난다면 소중함을 잊게 된다.

아무리 가까워지고 싶고
함께 있고 싶어도

그대를 소유할 수는 없겠죠

소중한 사람들은
계속 그대로 있으면 좋겠네요

너무 가깝지 않은 곳에서
바라볼게요

가장 중요한 오늘

당장 한 치 앞도 모르는데
먼 미래만 들여다보면 어떻게 살까요
죽을 일만 남았네요

정답은 없다

관계에 흠집이 나버렸네요
어떻게 해야 정답이었을까요

매번 난관에 부딪히다 못해
깨질 것 같아요

정답은 없다고 생각해요
옳고 그른 것보다 변함없이
그저 옆에 계속 있는 게
좋은 친구 아닐까요

억지로 정답이란 틀을 만들어서
그 안에 넣기 위해
구겨질 필요는 없잖아요

있는 그대로 옆에 계속 있어 줘요

죽음보다 더 강한 것

태어나서 죽는 건 누구나 변함없다.
살아있다면 공포에 사로잡히지만
나는 너에게 사로잡혔다.

죽음이란 게 두렵지 않다.
사랑이라는 용기로
이겨 낼 수 있게 해 준 게 너다.

아름다운 씨앗 하나 현생에
심을 수 있기 위해 희생할 수 있다면
만족스러운 삶이다.

절대적인 공포를 이길 수 있게
유일하게 사람이 만든 것

'사랑'

별

별이 가장 아름다울 때는
수명이 다해 죽을 때다.

오늘을 살라는 게 이런 뜻일까
매일이 가장 아름다운 날이다.

죽을 때는 스스로 포기하고
아름답지 못한 날

수명이 다하여 소멸하는 건
내 의지로 정한다.

매일 모든 걸 쏟아내며
열심히 빛이 난 날이었나요

무대

별이라는 조명 하나
힘든 날 하늘 위에서 비춰 줄게요

하늘의 별을 보면
나를 기억해줘요

슬픈 날 밤이 찾아오면
어둠 사이에 빛나고 있는 나

태양처럼 모든 사람을 비출 순 없지만
어둠 속에 한 줌 빛나고 있는 별
한눈에 찾을 수 있겠죠

그대만을 위한 조명

누군가의 죽음도 아름다운 것

그저 별을 바라보기만 해도
마음이 편안해진다.

수억 광년 떨어져 닿지도 못하는데
아름다운 별이다.

다른 별에서 우리를 바라보면
우리도 이미 죽은 거 아닐까

다른 이들의 죽음도 아름다움이다.

넌 어떤 삶을 살아갔을까
난 어떤 삶을 살아왔을까

기적같이 마주 보는 길이 생기면
한번 이야기해 보자

눈물

감정의 선이 선명해질수록
눈앞은 흐려진다.

카메라 셔터가 닫히듯이
이 순간을 기억하기 위해
잠시 흐려지는 눈

기쁨의 눈물
슬픔의 눈물

이 순간을 기억하게 해주는 건
감정이라는 셔터

눈물 흘려도 괜찮아요

도시

형형색색으로 빛나는 도시
그저 살아간다는 이유만으로
불이 켜지고 모여든다.

삶이란 건 아름다운 건가
이곳의 한 점의 별이 되고 싶다.

스스로 빛나는 사람이 있는 반면
자신을 소모해서 빛나는 사람도 있다.

멀리서 보면 희극,
가까이서 보면 비극

뭐든 좋다.

많은 걸 나눠주고, 많은 사람을 불러 모아
모두가 외롭지 않은 곳이면 좋겠다.

누군가 불빛을 보고 찾아오길 바라며
더 아름답게 빛나려고 노력한다.

살아간다는 것은

죽어가는 걸까, 살아가는 걸까

우주의 시점으로 먼지 하나도 안 되는데
하나 사라진다고 달라지는 게 있을까

머릿속만큼은 은하수보다 가득하다.

매일 수많은 사람과 함께 한 추억으로
가득 채울 수 있는 게 축복일까

영원한 건 없으니 더 소중하다.
끝이 정해져 있기에
유의미한 가치를 만든 현재

죽어가기에 더 소중하고
살아가기에 더 발전한다.

구름

마음 이곳저곳 불이 나
뜨거운 증기가 하늘로 솟아난다.

구름 혼자서 감당하기엔 벅차다.

안색이 어두워지고 참았던 눈물 흘리듯
비가 쏟아져 내린 하늘

우는 게 꼭 나쁜 건 아닌가 보다
서럽게 울고 나서 진정되는 마음속

깨끗하게 씻겨 나가고 다시 밝아지는 세상
무엇이든 다시 시작할 수 있을 것 같다.

눈물을 계속 참으면
세상은 메말라 간다.

비 온 뒤 하늘은 항상 맑음

약자

다들 자신이 약하면
강한 사람들한테 착취 당한다.

강해지기 위한 목표가
남을 짓밟는 게 아닌
악을 짓밟을 수 있는 건 어떨까요

강한 자만 통제하는 게 아닌
강하고 좋은 사람이 되고 싶어요

약한 사람이 있기에
내가 더 단단해질 수 있다.

지킬 수 있기 위해 강해질게요

낡은 것

이미 바래져서 흐려졌어요

행복했던 기억을 찾아보려고 하니
다 닳아버린 것들만 남아있네요

혼자 만든 것들은 고갈된 것 같아요

다음부터라도 행복해질 수 있을까요
누군가 도와줬으면 좋겠어요

애처롭게 애정을 바라는 이유일까요

낡아 빠져가고 있어서 혼자서는 어렵네요
사랑받고 싶다는 건 그만큼 내면이 비었을까요

결핍

완벽하지 않은 인간이어서
이 손을 거친 피조물은
영원하지 못하는 걸까

본인에게 없는 것을 갈망하며
죽을 때까지 바라네

세상에 완벽한 건 없다.
완벽에 가까워지길 바라며
더 나은 걸 만든다.

유리 조각

바람 불면 날아가고
파도에 젖어 무거워지고
밟으면 그대로 자국이 남는다.

흔한 모래지만 수많은 결정들
재능이 노력을 닿는 순간
유리로 빛날 것이다.

깨진다고 하더라도
내 안에 박혀
끝까지 함께하자

나를 모른다

남들이 원하는 걸 필사적으로 찾는 나
그저 좋아해주면 좋겠다.

원하는 건 무엇일까

눈앞에 있는 것만 쫓다 보면
도랑에 빠질 것을 알면서도 간다.

살아갈 이유를 억지로 만들며
간절히 살고 싶은가 보다.

이유를 만들어 보자

신호

세상의 빛을 보며
처음으로 한 행동은 울음
살기 위해 돌봐 줄 사람을 찾는다.

나이가 들었어도 힘들면 울고 싶은 나

눈물이 꼭 나쁜 건 아니다.
가장 솔직한 신호지만
강해지길 바라며 무시해 온 삶

아무것도 느껴지지 않을 때쯤
강해졌다고 생각했지만

좋아해주던 사람, 좋아했던 사람
모두 잊었다.

떠나간 거였구나

탄생

사랑받기 위해 태어난 줄 알았으나
동반자의 연결점이 되기 위해 태어났다.

끊어진다면 세상에 필요할지 의문이다.
자유의 몸이 될까
동력이 끊겨 움직이지 못하게 될까

살아갈 이유를 증명하는 것도 지친다.
이런 상황 속에서 만들고자 했던 게
살아갈 이유였던 걸까

자유

해방감을 벗 삼아
무작정 떠났다.

도망친 자에게 낙원이 있을까
안락하게 살아가려 했지만
도망친 곳과 다를 게 없다.

배경을 바꿔도 달라진 게 없다면
안에 있는 사람이 문제 아닐까
스스로 달라진 게 하나도 없는데

꿈 같은 세상을 바라기엔 욕심쟁이다.

날붙이

좋은 곳에만 쓰이길 바라며
풍요로운 삶을 가져다주고 싶었다.

타인을 상처 입히고
빼앗기 위한 무기

언제까지 이렇게 살아야 하는 걸까

나날이 무디어지는 칼날
쓸 수 없게 되면 버려지겠지

상대를 향했던 날이
나에게 돌아올 때가 됐다.

믿음

끝없는 계단을 오르듯
사람을 신뢰하는 것

도착하면 안식이 있을 줄 알았다.

믿고 있던 것과 다르더라
믿고 싶었던 걸까

마지막 계단을 앞두고
추락할 일만 남았다는 게
처량할 정도다.

뒤늦게 후회하고
누군가 잡아줄까 뒤돌아볼 땐 늦었다.

보고 싶고, 믿고 싶은 것만 생각하며
걸어 온 길을 후회한다.

약육강식

강자는 외롭겠다.
결국 마지막엔 혼자 남게 되는데
꼭 강해야 좋은 걸까

나약해도 비슷한 처지끼리
등을 맞대며 살아갈 수 있다.

누구보다 연약했던 지라
더 이상 빼앗기고 싶지 않아서
먼저 빼앗게 된 걸까

렌즈

렌즈의 굴곡이 달라
세상은 다르게 비춰진다.

성인(聖人)이기에 아름답게 만들고 싶었다.
오물을 뒤집어쓴 악인(惡人)이 된 나

다른 이들의 시선 속에 이질적이라면
가차 없이 배제될 예정이다.

성인이 된다는 건
시간에 의해 깎여
똑같은 렌즈를 갖게 되는 걸까

소신

네모반듯하고 정렬된 아파트
다 똑같은 데서 사는 걸까

유행하는 옷을 입고
자동차와 핸드폰도 무채색이다.

내면을 들여다보기가 어려워졌다.
어떤 사람인지 들키고 싶지 않은 걸까

예전엔 이러지 않았던 것 같은데
그래서 과거를 그리워하는 걸까

자신이 어떤 사람인지 말하는 것조차
두려운 세상이 됐다.

환상의 동물

유니콘이나
드래곤 같은 건
다 어디 갔을까

정말로 없었던 걸까
아니면 너무나 많은 관심에
꼭꼭 숨어버린 걸까

마음속에 각기 다른 것이 있는데
똑같이 보이려고 애쓴다.
주목받는 게 익숙하지 않은가 보다.

유니콘은 뿔이 잘려 말이 됐고
드래곤은 작아져서 도마뱀이 됐다.

타인의 시선으로
나도 내가 아닌 사람이 됐다.

커피

어른들은 왜 그렇게 마실까
쓰고 맛없는 걸 항상 마신다.

쓴맛에 정신 차리는 걸까
미리 고통에 익숙해지려고 하는 걸까
어린 애들도 그걸 보고 따라 한다.

마음속에 디딜 땅이 무너져 내려
흙을 채워 넣고 있는 걸까

나도 어릴 때부터 마시면
넓은 마음의 땅을 얻을 수 있을까
열심히 공사해서 머리가 아픈가 보다.

어른이 되기 위해 다들 바쁘게 산다.

3장. 사라지고 남은 씨앗

"외면하는 마음"

노란 프리지아

그 시절처럼 웃는 모습이 그리운 날

시들어서 비어 버린 마음의 한 언덕
꽃가루를 흘려보내 다시금 꽃이 피듯이
웃게 해줄게요

그대의 밝은 모습을 보고
내 빈 공간에도 피는 꽃
이제는 내가 나눠 줄게요

각자의 마음속 무너지는 장소들
받은 만큼 누군가에게 더 나눠 주고 싶어요

당신만큼은 변하지 않았으면 좋겠습니다.

내일

가장 두려운 건 내일이 없는 거예요
결말 없는 동화만큼 잔혹한 건 없죠

최종장을 만들어야 해요
늘 그래왔고 그래야 하니까요

결말을 쓰기 위해
오늘을 살고 내일을 기대합니다.

어떤 페이지로 마무리될지는
나도 모르겠어요

끝까지 넘겨 확인해야 알겠죠

어떤 내용일지는 기다려줘요
지금까지 보지 못한
최고의 이야기로 돌아올게요

멈춰서 뒤돌아보는
그날이 결말이 될 거예요

적막 속에 울리는 알림

흑막 같은 페이지 한 장
오늘도 또 넘어가네요

검은 잉크밖에 없어서
계속 흑백으로 칠하고 있는 종이들

칠하는 이유조차 잊으려다가
문뜩 들려오는 이명
창문을 열어보니 파란 새가 날아가네요

빛이 들어오자 그제야 보이는 수많은 페이지들
지금까지 칠했던 게 흑색이 아닌
다양한 색이 있었다는 걸 알았죠

인생에 스쳐 지나가는 수많은 파랑새들
왜 지금끼지 못 보고 지나쳤을까
다시 올까

너에게 닿는 이야기

그저 좋아한다는 말
한마디 하고 싶었는데
쉽지가 않네요

내가 무슨 말을
하고 있는지도 모르겠어요

서론이 길면 재미없는데
느끼는 감정을 다 설명하기엔
본론은 짧았어요

전달하기엔 너무나도 부족하네요

결론을 말해야 할 땐
내 앞에 존재하지 않네요

아무도 찾아오지 않는 설산

하얀 눈밖에 보이지 않는 이곳
숨결마저 얼어서 앞도 보이지 않네요

사람을 만나고 싶지 않아 왔어요
편안하고 상처받지 않아서 좋았는데

점점 그리워지기 시작하네요

누구도 찾지 않는 이곳
노력한다면 바뀔 수 있을까요

산도 상처받고 숨고 싶어서
눈으로 이불 덮고 꼭꼭 숨어버린 모습
이번엔 잘 할 수 있다고 다짐합니다.

다시 걷어내고 나온다면
없었던 일처럼 대해줘요

청자, 화자

어릴 땐 누군가의 말만 들었죠

좀 더 크면
자기만 이야기하게 되고

경험한 것들에 대해
말하고 싶어요

너무 많이 말했던 탓일까요

핸드폰을 열어보아도
말할 사람이 생각나지 않아요

어른이 된다는 건
다시 외로워진다는 것

그때가 그리워
다시 화자가 되고 싶어요

외로움을 느끼면 어른이 된 게 아니라
다시 그때로 돌아가고 싶은 것

홀로 서 있는 것도 괜찮은 것 같아

또 혼자가 됐네
이것도 괜찮은 것 같아
다들 멀리서 괜찮냐고 물어보는데

난 이제 익숙해
내가 달라 보인대

처음엔 남들이 봐주길 바랐는데
내 모습에 점차 새롭게 보여
모든 배경을 지우고
나만 있네

다른 배경에 붙여놔도 어울리는 것 같아
특별해지는 기분이 들어
어디에 갖다 놔도
나는 나야

폭우

울고 싶은 건 나뿐만이 아니었다.
구름은 하늘 높게 있어서 좋을 줄 알았는데
너도 슬픈 일이 있나 보구나

모든 사람이 알아주길 바라는 걸까
남들 대신 울어 주는 걸까

모든 아픔을 씻겨 주려고
그렇게 비가 오는 거니

너무 뜨겁게 달려온 나머지
걱정이 되어 비를 쏟아내는 거니

눈물이 꼭 나쁜 건 아닌 것 같네

내가 불행한 만큼 넌 행복할까

떠나가 버린 빈자리에는
아쉬움이란 온기가 남아있고

그저 그곳을 응시하는 눈빛

남은 흔적마저 없애기 위해
눈물 흘려 지우려 하지만
번지기만 하는 비참한 현실

내게 불행을 준만큼
너는 더 행복하니

이 불행을 없애기 위해
누군가의 품에 안겨야 할까

나 홀로 끌어안고
불행의 관계를 끝내고 싶다.

잃으면 안 되는 것

간절함이라는 단어로는
'제발'이란 말이 있다.

무엇에 그렇게 간절해야 할까

부의 축적
외모
출중한 능력

처음부터 갖고 있다면
싫어할 사람은 없겠지만
제일 중요한 걸 잊었다.

제발 행복해줘
제발 웃어줘
제발 너답게 살아

조금만 정신이 흐려지면
나도 모르게 잃어버린다.

수많은 인파 속에서
엄마 손을 놓친 어린아이처럼

욕심

많은 걸 가진 사람들을 올려다보며
현실을 마주한 시선은 바닥으로 향하죠

억지로 많이 가지려고 할수록
바스러지는 순수했던 마음

눈앞에 보이는 건 많을지언정
뒤를 돌아봤을 때는
사라져가는 따듯했던 것들

아직은 남아있을지 몰라요

기억조차 안 날 정도로
완전히 사라지기 전에
제 자리에 돌려놔요

밤하늘의 흔적

수많은 사람들의 이념을 달님에게 빌어
하늘에 무수히 많이 떠있는 게 별일까

달처럼 항상 빛나는 존재가 되기 위해
쏘아 올렸지만 부족해서 작은 별이 된 걸까

뭐든 좋다.

빗나가도 밤하늘의 별
떨어진다면 혜성
안개처럼 흩어진다면 은하수

뭐든지 시도한다면
의미 있는 무언가로 비춰진다.

지나고 나서 모든 게 아름다운
하나의 흔적이다.

잃는다는 것

소중한 사람이 떠나고
애도할 시간도 없이
몰려오게 될 고통이 두렵다.

끝이 아닌 과거로 남으니까

죽음이란 공포감 보단
아무것도 못 하는 무력감
무엇 하나 할 수 없는 나

끝이라는 안식을 위해
살아가는 나날
그땐 당신을 만날 수 있을까요

인생이라는 소설

잉크라는 생명을 소모하며
써 내려가는 것

번복할 수 없는 이야기여서
한 번뿐인 작성

그저 멈추지 않고 계속 흘러간다.
지우고 다시 쓸 수 없기에
매 순간 집중 해야겠죠

물살처럼 다시 붙잡을 수 없는
소중하고 여린 이야기

모든 게 끝날 때까지
전체를 위해 힘써줘요

징크스

남들에게 불행을 가져다주는 것
존재만으로도 불청객이 됐다.

악당을 물리쳐야
행복이 값지게 여겨지는 현실
이게 내 역할이다.

난생처음으로 누군가에게 도움이 됐다.

승리 후 단체 사진에는 못 들어가지만
쓸모 있었다는 것에 안심한다.

이러한 존재들이 있기에
단상 위에 있는 사람들이
더 빛나 보인다.

달

항상 동그란 눈을 하고 있지만
시간이 지날수록
초승달처럼 감긴다.

다 감길 때쯤
세상이 어두워진다.
눈물 한 방울 흘렸을까

다시 아무 일 없듯이
눈을 다시 뜬다.

천사

열정이란 이름으로
태양을 향해 닿기 위해
날개가 타는지도 모르고 추락했다.

더 이상 아무것도 아니게 되어
엄마 손을 놓친 아이처럼
울기만 하다가 세상이 끝날 것 같았다.

지금 모습보다 더 비참할 수 있을까
모든 걸 포기 하고 싶었지만

허무하게 시간에 의해
바스러져 다시 일부로 돌아가고 싶지 않다.

다시 날 수 있는 날을 바라며
오늘도 한 조각씩 다시 날개를 모은다.

카메라

한순간을 담을 수 있는 카메라

잊고 싶지 않은 소망으로 발전하는 모습
눈으로 담은 추억들은 언젠가 바래진다.

그 자리에 함께하지 못한 사람들을 위해
앞으로 태어날 이들에게 보여주고 싶다.

말로 전해 주기엔 내 필름은 얼마 남지 않았나
예전처럼 선명하게 보여주기 어려울 것 같네요

빛을 잃어 흑백이 되고 있군요

옛것이 되는 게 무섭지만
나름 아련한 것 같아서 좋다.

강아지

그 아이의 인생에서 전부는 나다.

너무나 소중한 나머지
지켜주고 싶어서
다른 시간을 갖게 됐다.

똑같은 아기였지만
훨씬 자라서 곁을 지켜주는 친구

보답해주고 싶지만
얼마 남지 않은 시간

나와 비슷했던 아이가
아기처럼 내 품에 안겨
마지막을 고한다.

내가 죽는다면 마중 나와 있어 줄까

폭풍 같은 불안

항상 고요하기만 바랐던
마음 한구석

불안은 스스로 폭풍을 불러와
마음속을 어지럽힌다.

전조 없이 갑자기 찾아오는 천재지변
세상 흘러가는 걸 어떻게 다 알까

어차피 일어날 일
혹은 안 일어날 지도

비바람이 오면 우산을 쓰고
없으면 시원하게 맞고
집에 가서 씻고 쉬자

흘러가는 모든 것들에게

덧없이 나만 두고 흘러가는 모든 것

떠나는 걸 붙잡으며
끌어안으려고 하지만
무색하게 사라져버린다.

신기루처럼 행복했던 상상 속이었을까
그 사람들이 지금의 나를 만들었고
끝없이 쫓아 왔지만 아무것도 없다.

끝이 난 걸까
잊어도 되는 걸까

왜 나아 갈 수 없는 건지
그 사림 없이 나는 무엇일까요

광활한 이 세상 속에서 누구 하나
의지하고 싶어서 만든 걸까

그렇다면 이제 해방이다.

앞으로 걸어가는 길엔
나 혼자 나아간다.

숙제

초등학교 마룻바닥을 보며
때가 탄 흰 실내화를 내려다보고
적지 못해서 숙제로 받은 것

신발주머니를 발로 차며
집에 가면서도 또 고민했던 것

"어떤 꿈을 가질까?"

고뇌했던 게 무색할 정도로
이곳저곳 차이는 건 내 모습이네

마저 적을 수 있을까
평생 안 한 것 보단
지금이라도 해야지

새벽의 꽃(曙花)

달빛이란 조명 아래
홀로 독점하며 피어 있는 한 송이

외로움보단 고독을 즐기며
칠흑 같은 밤에서도 독보적인 모습

빛이 드리우면 어둠이 사라지듯
시간이 흐르면 사라지겠죠

희망을 찾고 싶어 만들어낸 걸까요

어둠 속의 신기루처럼
아른거립니다.

벽

벽을 쌓으면 안전해
하지만 혼자가 되겠지

좀 쉬고 싶었을 뿐인데
멀어져 버린 걸까

문을 두드려도
높게 쌓아 올린 벽으로
열 수 있는 문조차 없어졌다.

헛된 희망조차 없애려
다시 벽을 쌓는 게 편해지는 나

나를 안아 줄 수 있는 건 쌓아 올린 벽뿐

아무리 벽을 쌓아도
허물고 안아 줄 사람이 있을까

관계

바다라는 푸른 배경에
모래를 흩뿌려 꾸며본다.

파도 한 번이면 허무하게 쓸려나가는 것들

다음 파도에 사라질 걸 알지만
그래도 다시 해본다.

바람 불면 날아갈 모래
점점 물에 젖어 무거워지고
파도에 견뎌 내는 모습

떠나갈 것들은 떠나고
진득한 것들로 남아 있구나

날아갈 모래를 잡기 위해 애쓰지 말자

가면

들키고 싶지 않아서 항상 웃는다.

속마음을 보여주지 못한 아쉬움보단
남들이 원하는 모습으로 편안함을 얻는다.

한 번도 속내를 꺼내 본 적 없는지라
억압된 감정으로 얼룩진 모습

본인이 가지지 못했기에
정형화된 모습을
투영하여 강요한다.

없는 걸 있다고 해봤자
거짓말만 늘어 날 뿐이다.

인형

바느질로 고정된 미소

버려지는 순간까지
웃기만 해야 하는 삶

나도 인형일까요
당신이 원한다면 기꺼이
만들어진 모습으로 살게요

숨소리조차 들리지 않을 정도로
솜을 가득 채워 넣고
바느질로 새어 나가지 않게 할게요

땅바닥에 버려지고 비가 내려
눈물이 흘러도 웃고 있을게요

미화

더 이상 함께 할 수 없는 작별인 '죽음'
'희생'이라는 말로 슬프게 하고 싶지 않다.

나를 알아볼 수 있는 모습도
한 줌의 모래가 되어
바람에 흩날릴 재가 되고 싶지 않다.

영원히 끝과
영원한 안식
잔혹함을 마주하는 다양한 방법

떠나간 이들이 잘 살길 바라며
아름다운 이야기로 꾸며주나
믿고 싶은 것만 믿는 게 사람이다.

현실은 달라지지 않는다.
그저 아름다운 이야기가 될 수 있기 바란다.

소리 없는 죽음을 바란다

세상 사람이 모두 행복하길 바라며
내가 죽어도 아무도 몰랐으면 좋겠다.

죽음은 슬픔을 동반하니까
누구든 눈물 흘리지 않길 바란다.

아름다운 풍경에 해가 된다면
설령 그게 나라고 할지라도
뭐든지 해치 울 수 있다.

소중한 이들을 위해
눈물마저도 다 끌어안고
소리소문없이 떠나고 싶다.

그림자

끊어 낼 수는 없는 건지
발밑에 간신히 붙어 있다.

기분 나쁜 검은 덩어리

이렇게 해서라도
밝아 보인다면 괜찮겠지

삶의 이유

꼭 이유가 있어서 태어나야 했을까
태어난 김에 잘 살자

사랑받은 것처럼 누군가 사랑을 하고
살아갈 이유를 만들고 싶다.

정답이 없는 여정
행복은 길을 잃지 않기 위한 이정표다.

나 또한 누군가의 삶의 이유였으니까
그들이 만족할 수 있게 행복하자

길을 잃어도 다시 돌아오는 것도 인생
굴곡이 있어야 디테일한 모습이다.

흑, 백

태어날 때는 흰색 옷

써 내려 갈 이야기들이 많기에
하얀 종이 같은 모습이다.

떠날 때는 검은 색 옷
더 이상 써 내려 갈 여백이 없기에
다음 세상으로 떠난 걸까

아름다운 이야기로 채워 나가길 바라며
단정히 예복을 갖춰 입을게요

숲

생명을 빼앗고 생명을 채우는 대자연
이 또한 아름다움일까

인위적인 손길이 닿지 않고
그저 자연이 만들어낸 풍경

사람도 자연에서 태어났기에
서로 빼앗고 사욕을 채우는 사회

부모처럼 살지 않겠다 다짐한 아이는
그 누구보다 닮아가는 모습

필름

눈을 통해 기억에 담듯
렌즈를 통해 세상을 담는다.

옛 추억을 보여주고 싶은 소망

당연한 듯 현재를 살아가며
과거가 되면 그리워한다.

뭐든지 손에서 떠나가야
소중한 걸 알게 된다.

눈으로 지금 보이는 것들이
얼마나 소중한지 잊지 말자

안식

죽음이란 영원한 안식
편해진다면 좋지 않을까
그 누구도 권유하지 않는다.

사실 그 누구보다 고통스러운 건데
믿고 싶지 않았던 걸까

아픈 것들이 날아가길 바라며
상처에
'호' 해주듯이
안 아프길 바란다.

나이가 들어도 어린애 같은 건
똑같은 건가 보다.

어린아이

멋진 어른을 바라며 적었던 장래 희망
이에 부끄러울 정도로 형편없다.

더 넓은 세상을 보고 싶었지만
더 많은 기대와 편견에 갇혔다.

주말에 가고 싶었던 곳을 가보고
뭘 먹을지 고민하는 평범한 삶

이런 나라도 부러워 할까

가지고 있는 게
당연하다고 생각하지 말자

누구나 없을 때가 있었다.

시선

금방이라도 쏠 것 같은 조준점
목표가 언제 바뀔까
서둘러서 먼저 방아쇠를 당긴다.

남은 이들끼리
생존을 자축하며 살아간다.

눈 밖에 든 것들을 제거하며
마지막엔 서로 마주 보겠지

이야기를 하고 있는 건
최후의 한 사람

애정

바닥으로 흘린 건 버려야겠다.
아낌없이 주고 싶지만
부족해도, 넘쳐도 안 되는 것

담지 못해 흘려 버린 것들은
치우기 위해 더 많은 에너지를 쓴다.

좀 더 큰 물병이 되고 싶다.
필요하면 나눠주고
많은 애정을 받을 수 있고
그런 부족함 없는 사람

외롭게 혼자 넘치고 싶지 않다.

입추

태양처럼 빛나며
열정적이었던 우리
저 멀리서도 등불처럼 보이길

후회는 없었을까
끝이 보이며
사그라들고 있다.

슬픈 게 아닌
탄생을 지켜볼 수 있는
자리에 올라선 거다.

누군가 지켜봐 준 것처럼
무사히 오길
바라본다.

동생

늦게 태어난 게 유세인가
동생이 미웠지만
부모님은 더 챙겨 주신다.

어릴 때는 몰랐지만
조금 알 것 같다.

함께 할 수 있는 시간이
그리 많지 않다는 걸
더 많은 애정을 담아 주려고 하신 노력

내가 볼 날과
동생이 볼 날은 다르다.

빨리 태어난 것만으로도
배려받고 있었구나

4장. 씨앗에서 태어나는 생화

"다시 태어나는 마음"

봄 물결

차디찬 날이 지고
어느새 느껴지는
따뜻하고 포근한 기운

거친 파도가 아닌 잔잔한 물결
배경 삼아 피어 있는 꽃들

바람의 향기로움으로
그대를 느낄 수 있어요

조금은 이른 듯 뺨을 스치고
바람에 고개 숙이는 인사하는 꽃들

본인이 왔다는 걸 알리듯이
옷자락을 펄럭거리며
밀짚모자를 가져가네요

오랜만에 만나서
장난치고 싶은가 봐요

만나서 반가워요

벙글다

아직 피지 아니한 어린 꽃봉오리
꽃을 피우기 위해 망울이 생기고 있어요

무언가 피워내기 위해
노력하는 모습이 멋있네요

어떤 꽃향기로 나를 반겨줄까요

걸음마를 떼고 있는 아이를 보듯
개화 전 무슨 일이 생길까
매일 지켜봅니다.

너무 강한 바람이 다치게 할까
들판에서 뛰어노는 강아지들에 짓이길까
작은 나머지 주변에 가려 빛을 못 받을까

꽃은 봉오리가 벙글고 활짝 피었다가
시들어 떨어지는 게 세상의 이치

그래도 태어나는 순간만큼은
환하게 웃을게요

세상에 나와줘서 고마워요

하얀 캔버스

좋아하던 장소도 색이 바래지네요

눈이라는 하얀 물감으로
덮어진 캔버스 한 편
이번엔 어떤 색으로 칠해볼까요

당신처럼 순수한 흰 목련
예쁜 입술 색 같은 붉은 홍매화
두 볼을 붉힌 것 같은 분홍 진달래
머리 장식으로 어울릴 것 같은 노란 산수유

공주님 치마 같은 은방울꽃
따듯한 눈처럼 흩날려 배경이 되어 줄 벚꽃
넓디넓게 펼쳐진 푸른 초원

나와 그대만 들어가면 완성입니다.

물감을 아끼면 그림을 그릴 수 없듯이
느끼는 모든 걸 부정하지 말아줘요

예쁜 색으로만 칠할 수는 없어요
그림자도 있어야 더 돋보일 수 있죠

있는 그대로의 모습을 담게
색을 버리지 말아요

오늘도 뒤처지는 나에게

열심히 달렸지만
또 낙오됐구나

좋아하던 음악을 듣고
편안한 곳에 누워도
머릿속에 계속 맴돈다.

그저 나만 보고 싶다.

다른 사람에 비교하는 게 아닌
그냥 순수한 모습만 보는 게 소원이다.

나를 제일 잘 알기 때문에
더 아쉬운 점만 보인다.

이럴 때마다 듣고 싶은 말

수고했어, 오늘도

너는 나야
나는 너야

살아갈 이유여서 고마워

혼자서 산다는 건 무슨 의미일까
태어날 때도 혼자는 아니었다.

누군가에게 사랑받고
누군가를 사랑하고

끝없이 누군가의 사랑이 흘러간다.

더 이상 오지 않는 것에 지쳐
포기한 게 아닐까

사랑은 받기만 하는 게 아닌
만들어서 줄 수도 있다는 걸
한없이 같은 자리에서 기다리며

나는 끔찍해
나는 불행해
나는 부족해

라고 혼자 외치는 게 아닌
고마워하고 먼저 건넬 수 있구나

지층

넓은 평야도 존재하고
가파른 산도 존재하고
빛나는 바다도 존재하고

세상엔 아름다운 게 많지만
절벽 저 밑자락도 좋아요

올라가는 여정도
하나의 지층이 되어
겹겹이 올라가는 모습

지하에서 시작해서
언젠가 언덕이 될게요

누구나 쉽게 올라와서
편히 쉴 수 있는 언덕
차근차근 쌓아 올릴게요

기차

남쪽 저 멀리 시작해서
북쪽 끝까지 달려오는 한 사람

새로운 곳을 가는 건 늘 기분이 좋다.
이곳이 너무 좋은 걸까
있던 곳이 싫었던 걸까

그게 무엇이든 중요하지 않다.
기존에 있던 내가 아닌
새로운 내가 점점 만들어지고 있다.

이런 사람이었구나
새삼스럽게 깨닫는다.

창밖에 내다보는 영화가 끝나자
이제는 내가 걸어서 만들어가는
이야기가 있다.

새벽에 빛나는 가로등

인적이 드문 곳에도
항상 빛나고 있는 가로등
누구를 위해서 그리 빛나고 있는 걸까

나도 그런 사람이 될 수 있을까
아님 그런 사람을 볼 수 있을까

샤베트

디저트 중에선
가장 달고 가장 차갑고 샤베트

너무 많이 먹었나
머리가 아파 온다.

너무 뜨겁게 달려온 나를 위해
차갑게 식히기 위한 본능일까

끝없이 갈구하지만
이제는 그만 먹어야 할 때가 온 것 같다.

혀가 차가워져 둔해져
어떤 맛도 느껴지지 않는다.

세상엔 너무 많은 것들이 있다.
좀 더 다양한 것들을 찾아볼까

비어버린 뒷좌석

어릴 때 항상 뒷좌석은
나만의 공간이었다.

항상 부모님의 뒷모습을 바라보다가
이제는 그 자리에 내가 있다.

하지만 뒷자리엔 아무도 없다.
옆 좌석도 아무도 없네

혼자 있기엔 넓다.
다른 사람을 태우기엔
너무 작은 차다.

뒤에 타 있던 나와 비슷하다.

소중한 사람이 탈 수 있도록
더 노력해야겠다.

누가 탈지는 모르겠지만
열심히 할 수 있게 해줘서 고마워요

카페 창밖

그저 창밖을 바라보며
무엇이든 지나가는 수많은 것

다 아름답게 보이는데
시간이 멈추면 좋겠다.
늙고 싶지 않다.

떼쓰는 어린아이처럼
덧없이 흘러가는 세월을 붙잡고 싶다.

계속 칭얼대다가 지친 것 같다.
붉어진 눈시울이 부을 때쯤 되니

다시 보이는 것 같다.

유한하기에 더 소중하고
아끼고 싶은 거겠지

아직 그 소중함을 모르고 있었네

나도 지나가야겠다.
그래야 다음이 오니까

특별하지 않아도 돼

아무것도 잘하는 게 없고
남들이 부러워할 만한 게 없어도 돼

내가 다르다고 생각할게
특별하게 만들려면
스스로 특별하다고 믿어야지

나도 옆에서 같이 믿어줄 거고
계속 함께할게

그러니 자신을 깎아내며
남들이 좋아하길 바라지 말렴

내가 나다워야지

타인이 부러워 스스로를 깎아내는 것보다
그 사람이 특별한 이유를 보고 싶다.
분명 특별한 점이 있었겠지

근데 그 사람도
그저 자신의 주관대로 살았을 뿐인데
그런 점들이 남들 눈엔 부러운 거 아닐까

나는 누굴까
무엇을 잘하지
무엇을 좋아할까

이런 것들이 모여서
내가 누군지 정체성이 생긴다.

인생에서 가장 도달하기 어려운걸
성공했으니 부러운 것이다.

꽃이 지는 게 슬프지만 않아요

너무나도 아름다운 한 송이
꽃이 전부 진다면
그대와 안녕이겠죠

하지만 꽃잎이 떨어지는 게
두렵기만 하진 않네요

가장 아름다울 때 만나
세월이 흐르듯이 꽃잎이 날려
아름다운 한때를 만들고
모두 다 소모했을 땐

우리 둘만의 결실인
열매가 맺히네요

돌아가고 싶은 세상

다들 그리워하던 시절이 있다.

이제 그 순간과는
다른 세상이 되어버려
다시는 돌아갈 수 없다.

과거의 빛을 쫓아가는 게 아닌
미래를 빚어낼 수 있는 당신

앞으로 다가올 세상을
만들어주세요

사계

봄날의 새싹처럼 자라
열정을 가질 때 즈음

한풀 꺾이기 위해 장맛비가 내리고
한참 울고 나니 서늘해져
가을처럼 성숙해집니다.

낙엽처럼 많은 미련이
무수하게 쌓였지만

이 또한 눈이 내려
백지처럼 잊히는 풍경

다시 시작할 수 있을까
씨앗 하나 심으며
희망이라는 걸 기대한다.

매년 돌아오는 시련들
멈춘다면 다음의 계절은 없겠지

어른이 되기 위해 오늘도 이겨낸다.

밤하늘이라는 보석

검은 배경에 누가 쏟았는지
흩뿌려진 보석들
손이 닿지 않아 바라보기만 하네요

애써 손을 뻗지만
가져갈 수 없는 현실에
실망감과 동시에 떠오른 생각 하나

모두가 아름답게 바라보는 물건을
소유할 수는 없겠죠

쉽게 얻을 수 있는 물건이 아니기에
더욱 아름다워 보이는 자연경관

우리가 사라져도 늘 아름다울 거예요

보고 싶은 사람

길을 걷다가 생각나고
무엇을 하고 있는지 궁금합니다.

북쪽 저 위에,
남쪽 저 아래

은하수를 사이에 두고
별들이 갈라놓은 둘

잠이 들면 꿈속에서 만나고
다음 생에서도 만나고 싶다.

억압하는 모든 것들에게서 도망쳐
서로 처음 본 것들만 가득한
중앙에서 만나고 싶어요

지금까지 떨어져 있던 이유는
별들이 무대를 꾸며, 등장하기를 기다렸다.

그 어떤 것도 소재로 쓰이는 삶
포기하지 말고 살아가자

만개

그저 한 송이
봄이 지나면 사라지기에
절실히 아름답다.

꽃잎이 떨어지는 건
세월이 흐르는 걸까

누구를 위해 그리 고운 모습인가
단순한 추억거리로 남기엔 찬란했다.

청춘을 핑계로 푸르렀지만
꽃은 어찌 계속 선홍빛으로 물드는가

푸르게 물드는 건
사그라지는 청춘이 아닌
앞으로 살아갈 푸른 세상

붉게 물드는 건
눈시울이 아닌
시간이 흘러 노을 지는 세상

그 한가운데 서 있던 우리
활짝 피었네

마트료시카

똑같은 모습으로
겹겹이 쌓인 인형
계속 열어도 똑같은 모습

언제쯤 진짜 모습을 볼 수 있을까

마지막까지 열어서
보게 된 작은 무언가

씨앗처럼 아직 여린 모습

보고 싶은 모습으로 색칠하고
그 위에 새로 덧대어 만든 흔적

이러한 것들을 벗어 던지고
온진한 모습으로 성장하길 바라요

마중

모든 생명의 종착지는 죽음

아쉽게 먼저 떠나야 했지만
도착한 곳에서 기다려 왔어요
언젠가 여기에 오겠죠

신은 공평한 건지
여린 내가 당신을 잃는다면
견디지 못할까 봐
먼저 데리고 가셨네요

아직 준비가 덜 됐으니
서둘러서 오지 말아요

느긋하게 세상을 보며 끝난다면
그때 마중 나올게요

이곳에서는 처음부터
함께 하고 싶어요

두 손

철없이 손에 닿는 건
갖고 놀던 아이

어른이 되어서는
손에 닿는 게 하나도 없네

빈손이 되었기에
타인의 것을 쉽게 빼앗는 걸까
채워 넣기 위해 이기적으로 변한다.

부모님의 양손을 잡아주듯
배우자의 손을 잡아주고
아이의 양손을 서로 잡아준다.

비어 있기만 하던 손에 드디어 채워졌다.
아이에게도 똑같이 알려주자

건네줄 수 있는 것

유년 시절 보자기를 두르고
한 손을 치켜 세우며 하던 영웅 놀이

땅에 닿지 않도록 목에 둘러매고
어른이 되길 바랐다.

세월이 흘러 잊혀질 때쯤
너무 커져 버린 걸까
주머니에 들어갈 정도로 작아졌다.

그 시절 내 또래 아이가
울고 있을 때 건네줄 수 있는 건
품속에 가지고 있던 손수건 한 장

잊지 않아서 다행이다.
아직 영웅이라 힐 수 있구나

함께

쌍둥이처럼 똑같아도
서로 다른 존재예요

다름이 있기에 다양하고
혼자서는 살 수 없기에
모두 소중한 이들이죠

모두가 다 똑같을 수는 없어요

한 명으로 인해
모든 걸 채울 수 있다면
그건 신이라고 할 수 있겠네요

내가 채울 수 있는 빈자리는
어디에든 있어요

이미 채워진 자리를 보며
한탄하고 있는 것뿐이니까요

찾지 못한 것뿐입니다.
함께 찾아봐요

하루

눈물 한 방울에
염원을 담아 눈을 감습니다.

다시 눈을 뜰 수 있다면
가장 빛나는 순간으로 보내주세요

주마등처럼 지나가는 추억
애처롭게도 기적은 없었다.
살아 있는 게 소중한 걸 알았다.

매 순간이 빛나고
가치를 새길 수 있는 매 순간의 진귀함
의미를 부여하지 않았기에 몰랐습니다.

한 방울 떨어지는 눈물
마지막 페이지의 마침표가 됐다.

바람

늘 곁에 있지만 떠나가는 것들
사람이란 게 어렵다.

어디든 도망가 고요를 느끼고 싶은 나

갈망하여 붙잡으면 더 멀리 날아가고
고독을 원할 땐 불어온다.

숨 쉬는 것마저 잊고
모든 걸 잊고 싶었다.

호흡을 참은 순간 알았다.
공기도 항상 내 주변에 있었구나

그저 곁에 있어 주는 게
좋은 사람인데, 잊고 있었네

회전목마

어린 시절 올라탄 목마
새하얀 말과 빛나는 별
이 순간만큼은 주인공

한 바퀴를 지날 때마다 바뀌는 풍경
하나둘씩 조명이 꺼지며
점점 떠나가는 사람들만 보일 뿐
꿈에도 폐장 시간이 있는 걸까

홀로 과거에 머무른 채로 모두 떠났다.
어른이 된다는 건 이런 걸까

옷자락을 붙잡으며
누군가 봐주길 떼쓰며
어린아이로 남아있는 나

보내주어야 다음이 올 수 있다.

불안정하기에 멋진 것

누구나 완벽한 걸 선망한다.
바뀌지 않는 온전함
영원히 그 모습이길 바라는 것

완벽하지 않아도
다양한 모습으로 변화하는 게
아름다운 게 아닐까

가장 빛나는 시절을
떠나보내기에 아련한 것

어리숙하기에 성장하고
정점에서 열광하고
과거를 회상하며 성숙하고

완벽하지 않기에
더 멋진 나날을 그려 나갈 수 있다.

후회 없는 삶

가끔은 너무 잘 살아서
다시 태어날 삶을 고민 하고 싶다.

작은 새가 되어 날거나
반려동물이 되어 주인에게 예쁨받거나
꽃이 되어 존재만으로 아름다울까

망설이는 걸 보아하니
부족한 게 없었구나

매일 생존이 아닌 살아왔다.
자유롭게 돌아다니고, 사람에게 예쁨받고
누군가에겐 소중한 존재로 아름다웠다.

끝내지 말고 끝까지 살자

흔적

서로의 빈틈을 끌어안아
퍼즐 조각을 맞추듯 여백을 채운 우리

너와 내가 살아 있다는 흔적을
세상에 남기고 싶었다.

모난 조각일지라도
남은 여생을 채워
음영이 되어 그림이 된 모습

마지막 조각을 맞추는 순간
영원히 액자 속에 안치됐다.

우리라는 한 편의 그림을
세상에 전시했다.

손

부모의 손을 잡고 걸어 온 아이
이제는 놓아줄 때가 됐다.

얼마나 홀로 걸었을까
손이 시려 주머니 속에 가뒀다.

돌부리 걸려 넘어져
땅을 짚기도 전
자포자기하며 포기하는 나

땅바닥에 내쳐지기 직전
붙잡아 주는 다른 이의 손

누가 잡아주지 않아도
내가 잡아줄 수 있었구나

연쇄

잘 못 된 선택이라도
내 편이 되어 준다면
착한 걸까 나쁜 걸까

나를 위해서지만 타인에게는 상처다.

상처받은 이도 소중한 존재이기에
복수의 씨앗을 심고 있겠지
다 죽어야 끝날까

잡초 한 풀 자라지 못하게
불태워 버리면 될까

끝내기 위해 새로운 시작을 준비한다.

방향

정해진 길로 가기에 빨랐던 걸까
어릴 땐 기차 같은 사람이 되고 싶었다.
크고 멋지고 빠르다.

자동차나 배는 길을 찾아야 한다.
어디든 갈 수 있기에
어디든 갈지 모르겠다.

그래서 불안했던 걸까

신호

졸리면 자야 하는데
슬프면 쉬지 않을까

억지로 밤을 새워 보냈다간
금방 쓰러지고 말 거다.
슬픈 것도 마찬가지다.

통증은 신체의 건강
감정은 정신의 건강

의식하지도 않아도
솔직한 표현이다.

자극

접하는 모든 것들이 처음이기에
아기는 순한 것들만 접한다.
작은 것에도 큰 위협이 될 수 있다.

자연스레 그런 기억들은 사라지고
당연하다고 여기는 것들이기에
굳이 기억할 필요가 없다.

하지만 그런 것들이 모여
발판이 되어준 덕분에
행복함을 느낄 수 있게 됐다.

잊지 말자
그때 작은 것마저도
소중했던 것이다.

욕심

나에게 없는 건 더 갖고 싶다.
원래 남의 것이 더 좋아 보인다.
가져 본 적이 없어서 그런가
욕심쟁이다.

반대로 생각해보면
갖고 싶은 게 적을수록
난 많이 가진 걸까

시간이 지나면서 많은 것들이 탄생했다.
너무 많아서 뭐가 좋은지도 헷갈리는 세상

값을 매길 기준조차 부족하다.

어차피 세상에 넘쳐난다면
아무거나 가져도 다 똑같을 것 같다.

학교

이상하게 초등학교는 밝다.

둥근 지붕, 밝은 노란 벽
운동장에 수돗가

어린이집을 그리워하는
아이들을 위해
비슷하게 만들어진 걸까

갓 태어난 아기처럼
뽀얗게 빛난다.

중고등학교로 넘어 갈수록
네모반듯한 건물 적벽돌로 쌓인 벽

단단하고 각지고
강한 빛에도 견디기 위해
조금 까매졌을라나

거친 세상으로 나갈 준비를 한다.

공룡

지구상에서 사라진 지
몇억 년이 지나도
어린아이들은 열광한다.

멋있으니까.

나도 사라졌어도
멋있는 사람으로 남고 싶다.

돈이 많아야 하고
잘생겨야 하고, 재능이 넘쳐야 할까

공룡처럼 그저 살다가 갔고,
화석이라는 흔적을 남기기만 해도
좋아해 준다.

누군가 좋아해 준다는 게
생각보다 별거 없나 보다.

살았다는 것만으로도 좋아해 줬다.

성공

나만 빼고 다 성공한 사람 같다.

멋있게 입고, 웃으면서 사진 찍고
자기가 가진 게 눈으로 보이는 사람들

왜 이렇게 가진 게 없을까
그동안 나는 뭐했을까 자책한다.
하지만 눈으로 보이는 게 전부가 아니다.

고작 사진 몇 장을 위해서
그들은 몇 년을 걸고
남들보다 더 노력했다.

세상은 성공한 사람들만 이야기한다.
누가 패자의 이야기를 들어줄까
어떤 패자가 실패했다고 이야기하고 싶을까

애초에 눈에 보일 정도가 되어
당신 앞에 나타난 거라면
살아남았다는 거다.

시들지 않는 꽃은
박제된 시체다

1쇄 초판 2025년 2월 28일

지은이 | 진연화
펴낸이 | 한예지
디자인 | 이오월

펴낸곳 | 온화
등록번호 | 제2024-0000016호
등록일자 | 2024년 7월 4일

이메일 | onhwabook@naver.com
팩스 | 0504-420-7406

ISBN | 979-11-988579-3-4 (03810)

저작권법에 따라 무단 전재와 복제를 금지하며, 도서 내용의 전부 또는 일부를 이용하려면 반드시 저작권자와 출판사의 서면 동의를 받아야 합니다.

파본은 구입하신 서점에서 교환해 드립니다.